PRINCIPIUL PARETO PENTRU MANAGEMENTUL AFACERILOR

INFORMAȚII CHEIE

- **Denumiri:** principiul Pareto, regula lui Pareto, legea lui Pareto, regula 80/20, legea celor puțini și vitali.

- **Utilizări:**

  - Economie: managementul afacerilor (managementul calității, managementul clienților, managementul producției, controlul stocurilor, resurse umane etc.), crearea de strategii comerciale și de marketing etc.

  - Fizică, sociologie și statistică.

  - Sfera privată: gestionarea timpului, organizarea sarcinilor etc.

- **De ce are succes?** Conform principiului Pareto, "80% din efecte sunt produsul a 20% din cauze". Acest raport vă permite să identificați rapid partea esențială a oricărei activități. Modelul se regăsește în multe domenii din viața de zi cu zi și în lumea afacerilor: de exemplu, atunci când o întreprindere dorește să identifice clienții care generează cele mai multe venituri. Dacă se ia în considerare raportul 80/20, compania se poate concentra pe cei 20% dintre clienții care generează 80% din cifra de afaceri pentru a încerca să-i păstreze.

- **Cuvinte cheie:** Vilfredo Pareto, principiul Pareto, regula 80/20, analiza ABC, cifra de afaceri, Joseph Juran, managementul timpului, relațiile cu clienții, marketingul relațional, CRM, diagrama Pareto, teoria Long Tail, eficiența Pareto.

INTRODUCERE

Istorie

Principiul Pareto este un instrument de analiză și de luare a deciziilor creat de Vilfredo Pareto (1848-1923) la sfârșitul secolului al XIX-lea (mai exact, în 1897). Economistul și sociologul italian, care a studiat la Universitatea Politehnică din Torino (Italia), este considerat părintele fondator a ceea ce astăzi este cunoscut sub numele de principiul Pareto. Studiind bogăția din țara sa, a constatat că doar 20% dintre oameni dețineau 80% din bogăția totală. A aplicat apoi această lege și în alte state, precum Rusia, Franța și Elveția, constatând aceleași rezultate.

Cu toate acestea, abia în anii 1940, Joseph Juran (1904-2008), un inginer american care lucra în domeniul managementului calității, a recunoscut teoria 80/20 și a atribuit-o lui Vilfredo Pareto.

Definirea modelului

Principiul Pareto provine din observația conform căreia 20% din cauze sunt responsabile pentru 80% din efecte. Cu alte cuvinte, în lumea afacerilor, 20% dintre clienți sunt responsabili pentru 80% din cifra de afaceri. Prin identificarea acestor 20% (cei mai importanți clienți), companiile le pot acorda mai multă atenție pentru a economisi timp și bani. Potrivit lui Joseph Juran, principiul Pareto poate fi aplicat în mod universal în domeniul afacerilor și poate fi întâlnit în toate sectoarele societății. Puteți utiliza principiul chiar și în majoritatea domeniilor din viața de zi cu zi. Cu toate acestea, vom vedea că, atât în afaceri, cât și în alte domenii, raportul 80/20 nu este întotdeauna respectat, dar oferă o idee despre realitate.

TEORIE

CONTEXTUL INIȚIAL

În anii 1940, Joseph Juran a observat că o minoritate de defecte cauzează majoritatea problemelor de pe linia de producție. Recunoscând rapid raportul 80/20 (80% din probleme sunt cauzate de 20% din defecțiuni), el a atribuit această teorie lui Vilfredo Pareto la începutul secolului [XX.] Joseph Juran, în timpul cercetărilor sale privind managementul calității, a arătat că cauzele pot fi separate în două grupuri: cele vitale (în acest caz, 20% din defecte) și cele secundare, care reprezintă restul de 80%. Prin izolarea celor mai problematice defecte (cele care cauzează 80% din probleme), Joseph Juran s-a putut concentra în continuare asupra acestora și a putut reduce semnificativ problemele de pe linia de producție.

 **E BINE DE ȘTIUT**

Principiul lui Joseph Juran a fost numit inițial "puținele vitale și multele triviale". În ciuda contribuției considerabile a economistului, conceptul este în general amintit ca "principiul Pareto", probabil pentru că sună mai bine decât denumirea dată de Joseph Juran.

APLICAȚII ÎN AFACERI

În prezent, principiul Pareto are numeroase aplicații în afaceri și în domeniile managementului personal și al căutării eficienței. Aplicațiile în afaceri sunt utilizate în principal pentru gestionarea clienților și a resurselor umane. De exemplu, 20% dintre angajați produc 80% din muncă. Dar este folosit și în strategiile de afaceri, știind că 20% din produse generează 80% din profituri. În această carte vom discuta în profunzime aplicarea acestui principiu în sectorul corporatist. Punctele următoare prezintă numeroasele utilizări diferite într-un mod clar și succint pentru a vă ajuta să înțelegeți principiul Pareto.

Principiul Pareto ca instrument în marketingul relațional

După cum am menționat deja, una dintre cele mai importante aplicații ale principiului Pareto este gestionarea clienților unei companii. Multe studii arată că 20% dintre clienți sunt responsabili pentru 80% din vânzări. Acești clienți sunt cei mai importanți pentru companie. Prin urmare, este mai bine să îi facem clienți loiali pentru a asigura o retenție maximă, în special prin marketingul relațional.

 **E BINE DE ȘTIUT**

Marketingul relațional este un instrument care vă permite să creați și să mențineți o relație între un brand și clienții săi prin acordarea de cadouri sau reduceri, sau prin invitații sau sfaturi. Scopul este de a dezvolta o relație pe termen lung cu clienții, deoarece costurile de retenție sunt mai mici în comparație cu costurile de atragere de noi clienți.

O altă aplicație a principiului Pareto este gestionarea relațiilor cu clienții: 20% dintre clienți sunt sursa a 80% din reclamații. Dacă cei 20% dintre clienții utilizați în exemplul de mai sus sunt aceiași cu acești 20%, compania nu va avea dificultăți în a le satisface cererile, deoarece se concentrează deja pe păstrarea lor. Din păcate, acest lucru nu se întâmplă aproape niciodată: cei 20% de clienți importanți sunt rareori aceiași cu cei 20% responsabili de 80% din reclamații. În acest caz, este mai dificil pentru companie să identifice clar fiecare categorie de clienți și să le acorde cea mai mare parte a atenției. Compania trebuie apoi să decidă asupra priorității sale și să aleagă între venituri și gestionarea reclamațiilor (generarea satisfacției clienților).

Principiul Pareto ca instrument de control al calității

O a doua aplicație, utilizată de Joseph Juran, este cea a controlului și a managementului calității pe o linie de producție. Dacă 20% din defecte cauzează 80% din probleme, compania își poate concentra eforturile pe remedierea defectelor în cauză pentru a îmbunătăți calitatea. Alte aplicații similare sunt, de asemenea, valabile:

- 20 % din timpul de pregătire a mașinii poate rezolva 80 % din probleme;

- 20 % din linia de producție este responsabilă pentru 80 % din produsul final.

Alte utilizări ale principiului Pareto

- Instrument de management personal: 20% din muncă produce 80% din rezultate.

- Instrumentul de gestionare a riscurilor: 20% din riscuri cauzează 80% din consecințe.

- Instrument de gestionare a logisticii: 20% din produse generează 80% din costurile de depozitare.

- Instrumentul de gestionare a stocurilor: 20% din numărul total de produse reprezintă 80% din valoarea totală a stocului.

- Instrument de gestionare a vânzărilor: 20% din produse generează 80% din profituri etc.

CE SE ÎNTÂMPLĂ DACĂ REGULA A FOST FOLOSITĂ ÎN MOD REGULAT?

Ce s-ar întâmpla dacă principiul Pareto ar fi fost folosit întotdeauna în afaceri astăzi? Ar trebui să ne apropiem cât mai mult posibil de raportul 80/20 pentru a supraviețui?

Să luăm exemplul deja studiat: o companie, după ce își studiază baza de clienți, constată că doar 10% dintre aceștia sunt responsabili pentru 90% din cifra de afaceri. Această situație este destul de îngrijorătoare, deoarece capitalul său de clienți-cheie este scăzut.

Dacă societatea ar pierde doar câțiva dintre ei, veniturile sale ar scădea drastic. În acest caz, renunțarea la regula 80/20 ar putea fi fatală pentru companie. Există două soluții posibile:

- Fie compania decide să se ocupe de clienții săi importanți pentru a-i păstra, dar această soluție simplistă nu îi rezolvă problemele, deoarece viitorul ei depinde în totalitate de acești clienți;

- Sau, în paralel cu prima opțiune, compania alege să păstreze ceilalți clienți pentru a găsi un echilibru mai bun. În acest moment, este interesant să ne gândim la modul în care să reținem clienții pentru a reveni la un raport mediu mai sigur.

Cel de-al doilea exemplu arată că îndepărtarea de normă nu este neapărat dăunătoare pentru companie. Imaginați-vă aceeași companie care, în urma studiului său privind clienții, constată că nu are clienți principali și că 30% dintre cei mai importanți cumpărători ai săi generează 70% din cifra de afaceri. Deși se apropie de regula 80/20 (dar nu atinge încă un echilibru Pareto), întreprinderea are mai puține probleme decât în scenariul anterior. Desigur, activitatea este probabil dispersată, dar pierderea unor clienți nu ar afecta situația la fel de mult ca în cazul raportului 90/10 și nu reprezintă un motiv de îngrijorare. Cu toate acestea, ar putea fi problematic în ceea ce privește costul per client dacă numărul de clienți este mai mare: costurile de gestionare a clienților și de comunicare sunt, de fapt, mai mari. În acest caz, restabilirea echilibrului 80/20 ar conduce la succese viitoare.

Adaptarea principiului Pareto pentru a atinge raportul 80/20 nu este un obiectiv în sine. Totul depinde de activitatea întreprinderii și de sectorul acesteia. O companie de supermarketuri va avea probabil mulți clienți mici, așa cum este normal pentru acest sector, în timp ce un producător de aeronave are mai puțini clienți, dar aceștia sunt inevitabil mai mari. Prin urmare, sectorul influențează raportul utilizat în principiul Pareto, iar acesta nu ar trebui să fie întotdeauna 80/20.

 ## E BINE DE ȘTIUT

Există diferite tipuri de comunicare între întreprinderi și clienți. Primul este marketingul de masă pentru toți consumatorii, considerați a fi "consumatori medii". Al doilea este marketingul individual, care vizează fiecare client în parte, oferind produse personalizate. Această metodă de abordare a clienților este cu siguranță mai interesantă, dar este și cea mai costisitoare. În cele din urmă, există și alte tipuri de comunicare intermediară, cum ar fi marketingul diferențiat, care vizează o mare parte a pieței, sau marketingul concentrat, care se concentrează doar pe o mică nișă de piață.

AVANTAJELE PRINCIPIULUI PARETO

Există nenumărate beneficii ale utilizării principiului Pareto. Cele mai multe dintre ele au fost deja menționate în capitolele anterioare. O companie care își cunoaște raportul Pareto pentru fiecare departament își poate îmbunătăți eficiența, în special prin următoarele acțiuni:

- o mai bună gestionare a riscurilor sale. Prin cunoașterea celor mai importante riscuri și a celor care sunt ușor de corectat, o companie se poate concentra pe activitatea sa de bază.

- Să-și cunoască mai bine clienții. O companie își poate stabili strategia de comunicare și poate viza cei mai importanți consumatori. Este important să se cunoască caracteristicile a 20% dintre cei mai importanți clienți, inclusiv locul de unde provin, sectorul lor de activitate (în cazul profesioniștilor) sau vârsta și sexul lor (în cazul persoanelor fizice). Procedând astfel, se pot crea noi prospecți care să corespundă acestor caracteristici. Consumatorii-țintă sunt asemănători cu cei mai buni clienți; compania are o șansă mai mare de a-i aduce din stadiul de prospect în cel de consumator.

- Limitarea costurilor. Într-o linie de producție, cunoașterea punctelor care consumă cea mai multă energie, dar care au cel mai mic randament, poate permite companiei să adapteze, să elimine sau să modifice elementele cele mai costisitoare.

- Limitarea pierderilor de timp. Știind care sunt activitățile cele mai productive, un manager se poate concentra pe acestea pentru a le îmbunătăți performanța.

LIMITĂRI ȘI EXTINDERI

LIMITĂRI ȘI CRITICI

Principiul Pareto, în ciuda caracterului său universal, nu este întotdeauna valabil pentru fiecare sector și fiecare departament. Am văzut deja un exemplu de limită în cazul supermarketurilor, un domeniu în care este puțin probabil ca 20% dintre clienți să reprezinte 80% din vânzări. Modelul trebuie adaptat la sectorul și la departamentul afacerii în cauză. Putem evidenția două critici: în primul rând, raportul 80/20 nu este întotdeauna respectat în realitate. În al doilea rând, concentrarea asupra celor 20% nu este întotdeauna cea mai bună soluție.

Un model inexact

Prima critică la adresa acestui principiu arată că nu este corect din punct de vedere științific. Obținerea unui raport 80/20 pentru fiecare departament al unei companii este de fapt imposibilă. Cu toate acestea, ideea inițială a modelului nu este contrazisă. În teoria lui Joseph Juran, efectele ar trebui separate în două grupuri. Primul grup include efectele care sunt reduse ca număr, dar care au consecințe semnificative. Al doilea grup include efectele care sunt numeroase, dar au consecințe limitate. În cazul în care aceste grupuri nu corespund exact la 20% și 80%, se pot utiliza rapoarte de 10/90 sau 5/95, care reprezintă chiar norma în anumite situații.

Un model ineficient

A doua critică se referă la eficiența relativă a principiului Pareto. Dacă 80% din produsele companiei nu sunt vândute foarte des, ele pot reprezenta totuși o marjă considerabilă de vânzări (să zicem 20%). Dacă costurile de depozitare pentru aceste produse sunt scăzute, compania își poate permite să continue să le vândă, chiar dacă acestea atrag mai puțini clienți. Vom vedea la punctul următor că principiul Pareto este legat de un alt principiu important, numit teoria cozii lungi.

MODELE ȘI EXTENSII CONEXE

Modelul ABC

Modelul ABC este o îmbunătățire a principiului Pareto. Noul model argumentează că, în cazul principiului Pareto, categoriile intermediare sunt ignorate și este dificil de evaluat importanța acestora. Prin clasificarea efectelor în trei categorii (A, B și C), o companie nu neglijează efectele care sunt mai puțin importante decât primele 20% și recunoaște importanța lor în ceea ce privește consecințele. Cele trei clase pot fi împărțite astfel:

- Clasa A: 20% din clienți care reprezintă 80% din vânzări;

- Clasa B: 30% din clienții care reprezintă 15% din vân-
  zări;

- Clasa C: 50% din clienții care reprezintă 5% din vân-
  zări.

Clasa B este riscantă, deoarece investiția de timp și bani în această clasă poate fi sau nu valoroasă. Deoarece acești factori au fost neglijați de Pareto, modelul ABC este mai precis și ia în considerare categoriile intermediare.

Teoria cozii lungi

Teoria cozii lungi este legată de principiul Pareto și îl completează. Acest model distribuie veniturile unei companii între toate produsele sale, inclusiv bunuri specifice, care reprezintă o parte importantă a cifrei de afaceri și care se caracterizează prin:

- vânzări scăzute de produse specifice

- un număr mare de produse speciale (adesea peste 80% din numărul total de produse).

În cazul unui librar, de exemplu, produsele specifice se referă la lucrările publicate care se vând în câteva exemplare pe an. Având în vedere costurile și spațiul necesar pentru stoc, este imposibil pentru un librar să ofere doar aceste cărți. Ea trebuie să se concentreze pe cărțile care se vând bine, cum ar fi bestsellerurile, pentru a obține un echilibru.

Legătura cu principiul Pareto constă în faptul că, în acest caz, doar o minoritate de articole reprezintă majoritatea vânzărilor. O afacere tradițională trebuie să se concentreze pe aceste produse. Cu toate acestea, site-urile de comerț electronic reprezintă o excepție.

 **E BINE DE ȘTIUT**

Comerțul electronic, cunoscut și sub numele de vânzări online, limitează costurile de depozitare a produselor, deoarece acestea nu trebuiau să fie expuse în magazine, ci doar stocate într-un depozit. Prin urmare, comercianții electronici pot oferi la vânzare o gamă mai largă de produse. De asemenea, comerțul electronic permite companiei să își extindă aria de acoperire cu costuri mai mici.

Atunci când respectăm principiul Pareto, nu trebuie să ne concentrăm doar pe cele mai importante 20%. Teoria Long Tail în comerțul electronic permite luarea în considerare a celor 80% rămase, deoarece costul suplimentar este minim, iar randamentul este ridicat. Amazon este un exemplu perfect al teoriei Long Tail. În calitate de site de comerț electronic, compania poate oferi un număr impresionant de publicații care înainte erau greu de găsit în magazine. Deși acest caz beneficiază de datele disponibile pe internet, este totuși un exemplu evident al limitelor principiului Pareto. După cum puteți vedea, poate fi benefic pentru unele companii să se concentreze pe mai mult de 20% din produsele care generează cele mai multe vânzări.

APLICAȚIE PRACTICĂ

În acest capitol, vom aplica ceea ce am învățat până acum. Vom începe prin a crea o diagramă Pareto, care este utilă pentru a identifica vizual cele mai importante 20%. Exemplul se referă la un furnizor și la clienții săi și este intenționat simplist pentru a fi ușor de înțeles. Un studiu de caz mai cuprinzător poate fi găsit la sfârșitul acestui capitol.

FORMATAREA UNUI TABEL

Primul pas este pregătirea unui tabel. Deoarece dorim să găsim cele mai importante 20%, este recomandabil să sortăm datele în ordine descrescătoare pentru a distinge imediat elementele de interes.

În prima coloană, scrieți o listă de factori de observat (de exemplu, o listă de clienți). În a doua coloană, trebuie să existe variabile care să corespundă (de exemplu, suma de bani cheltuită de fiecare client în parte).

Apoi trebuie să calculăm procentul fiecărui obiect (în acest caz, fiecare client) și procentul cumulat. Acest procent va trasa o linie de procente cumulative în graficul lui Pareto. Prin adăugarea tuturor datelor, va apărea pragul de 80%.

 **E BINE DE ŞTIUT**

Nu este întotdeauna uşor de identificat aceşti clienţi, deoarece există foarte multe persoane în sectorul de retail. Companiile pot totuşi să dezvolte modalităţi de a achiziţiona o bază de date cu clienţi de încredere; utilizarea unui card de fidelitate este un prim exemplu.

CREAREA GRAFICULUI

Acum trebuie să desenăm graficul (de exemplu, folosind Excel). Graficul este de obicei asociat cu un grafic liniar al unei curbe de valori care reprezintă ultima coloană a tabelului. Această abordare este opţională: este posibil să se discute rezultatele pur şi simplu dintr-un tabel.

 **E BINE DE ŞTIUT**

Pentru a crea acest grafic cu ajutorul Excel, vă recomandăm să utilizaţi un grafic cu două axe verticale (o axă majoră în stânga şi o axă minoră în dreapta) pentru a arăta cele două tipuri de date solicitate. Dacă acest tip de grafic nu este disponibil, va trebui să:

Reprezentaţi histograma cu datele brute ale vânzărilor (a doua coloană) pentru a le plasa pe axa principală din stânga graficului.

Apoi, reprezentaţi procentele incluzând procentele cumulate ca o nouă serie pe graficul dumneavoastră.

Schimbați tipul de grafic doar pentru aceste date (de exemplu, alegând graficul "linie cu markeri") și plasați-le pe axa secundară (în dreapta).

Formatați aspectul și adăugați titluri la axe și la grafic. În cele din urmă, modificați culorile și adăugați etichete de date la axe, cum ar fi afișarea procentelor cumulate pe grafic.

IDENTIFICAREA CELOR MAI IMPORTANTE 20%.

Pentru etapa a treia, vom interpreta graficul (și/sau tabelul) pentru a identifica cele mai importante 20%. În cazul clienților, putem identifica cu ușurință vânzările totale generate de un anumit client. Rezultatul nu corespunde neapărat regulii 80/20, dar este important să cunoaștem factorii care afectează fiecare dintre domeniile studiate.

Observații inițiale

- Aproximativ 20% dintre clienți (A, B, C și D) generează 76% din cifra de afaceri (un raport apropiat de 80/20 al lui Pareto).

- Cea mai mare parte a atenției vânzătorului ar trebui să fie dedicată păstrării acestor clienți importanți.

- Metoda ABC nu neglijează factorii intermediari care, în acest caz, constituie aproape 20% din cifra de afaceri.

ACȚIUNEA

Modalități de acțiune

Etapa finală presupune luarea de măsuri pe baza rezultatelor pentru a îmbunătăți randamentul strategiilor corporative. Pot fi puse în aplicare diverse măsuri:

- corectarea problemelor într-o fabrică;

- recompensarea angajaților foarte productivi;

- identificarea perspectivelor;

- păstrarea clienților etc.

Reținerea clienților se poate face prin publicitate, promoții personalizate sau alte strategii de retenție. De exemplu, o companie ar putea invita clienții la un târg comercial.

Pentru a completa acest exemplu, ne putem imagina că vânzătorul nostru care a identificat patru clienți și a implementat o strategie de fidelizare a acestora, a decis să caute noi clienți potențiali pentru a-și crește cifra de afaceri. Pentru a atinge acest nou obiectiv, el poate utiliza un instrument special numit "segmentare RFM".

 ## SEGMENTAREA RFM: RECURENȚĂ, FRECVENȚĂ ȘI VALOARE MONETARĂ

Segmentarea RFM este un tip de segmentare descriptivă bazată pe comportamentul trecut al cumpărătorilor și este utilizată pentru a înțelege perspectivele viitoare. Aceasta clasifică profilurile clienților pe baza a trei criterii:

Data achiziției. Cu cât este mai recentă, cu atât este mai mare clasamentul.

Frecvența achizițiilor. Cu cât un client cumpără mai des, cu atât mai mare este clasamentul său.

Valoarea achizițiilor. Cu cât clientul cumpără mai multe articole, cu atât mai mare este clasamentul său (acest lucru îl plasează imediat în cea mai înaltă categorie).

Recomandări

- Nu are rost să folosiți principiul Pareto dacă nu doriți să acționați.

- Metoda nu este exactă, deoarece unele sectoare nu ar trebui să aibă neapărat un raport 80/20.

- Principiul Pareto nu poate fi utilizat în toate sectoarele.

- Această metodă nu ia în considerare valorile intermediare.

- Așa cum am văzut în cazul teoriei Long Tail în comerțul electronic, valorile cele mai puțin frecvente pot fi benefice în unele cazuri.

STUDIU DE CAZ – O LINIE DE PRODUCȚIE

Introducere în problemă

Studiul nostru de caz fictiv se referă la o industrie și la linia sa de producție. În această companie, linia de producție se confruntă cu întreruperi recurente pe tot parcursul anului. Împreună, acestea însumează un total de 1033 de ore, ceea ce reprezintă puțin peste o lună de inactivitate. Pentru a compensa pierderea orelor de lucru, managerul, care a observat că dinamica nu este logică, identifică în jur de zece cauze frecvente de oprire a liniei. El estimează apoi o durată medie de oprire (în ore) și furnizează un număr de apariții pentru fiecare cauză. Folosind principiul lui Pareto, el speră să identifice principalii factori care perturbă linia de producție.

Formatarea tabelului și a graficului

- Prima coloană prezintă problemele identificate în fabrică. Datele din paranteze reprezintă numărul de ore de inactivitate cauzate de fiecare problemă.

- În cea de-a doua coloană, este listat numărul de apariții. În total sunt 230.

- Cea de-a treia coloană prezintă, în ordine descrescătoare, rezultatele înmulțirii numărului de evenimente cu numărul de ore pe care le cauzează fiecare oprire. Astfel se obține numărul total de ore de inactivitate cauzate de fiecare problemă. Aceste date vor fi utilizate pentru a trasa barele pe graficul Pareto.

- A patra coloană detaliază procentul din totalul orelor de muncă pierdute, iar ultima coloană prezintă procentele cumulate.

Identificarea factorilor importanți

Principiul Pareto funcționează foarte bine în acest caz, deoarece o minoritate de factori cauzează majoritatea problemelor. Mai exact, aproape 30% dintre factori cauzează 72% din întârzierile de pe linia de producție. Observați că există alte două raporturi apropiate de 80/20:

- dacă se iau în considerare cele două cauze principale (20%), procentul de întârzieri este de 63%;

- atunci când se iau în considerare cele mai mari patru probleme (40%), procentul de întârzieri este de 80%.

Deci, **care este cel mai bun raport?** Această întrebare este dificil de răspuns. Cu toate acestea, este clar că raportul mediu de 30% din factori care cauzează 72% din întârzieri este cel mai apropiat de principiul Pareto.

Din păcate, acest lucru nu rezolvă toate problemele:

- în primul rând, rămânem cu mulți factori problematici de ajustat, dar alegerea de a ne concentra pe primul raport (două probleme principale) ne-ar permite să ne concentrăm pe o minoritate de cauze care provoacă un număr maxim de consecințe, ceea ce este exact obiectivul principiului Pareto;

- în al doilea rând, dacă managerul fabricii dorește să rezolve cât mai multe probleme, are toate motivele să se concentreze asupra celui de-al treilea raport, corectând 40% din cauzele care provoacă 80% din întârzierile de pe linia de producție.

CONCLUZIE

În exemplul nostru, am observat o linie de producție afectată de întârzieri semnificative și recurente. Acest exemplu, în ciuda faptului că este fictiv, poate fi adaptat cu ușurință la toate domeniile unei întreprinderi (producție, utilaje, angajați, clienți etc.). Prin identificarea celor mai importante probleme, o companie poate găsi soluții pentru a-și minimiza eforturile și a maximiza rezultatele.

Cu ajutorul principiului Pareto și al modelului ABC, companiile pot gândi diferit și se pot concentra asupra celor mai importante probleme, păstrând în același timp controlul asupra activității lor principale. Din moment ce presupunem că "timpul înseamnă bani", ne putem imagina cu ușurință că fiecare antreprenor și fiecare persoană implicată într-o companie poate optimiza procesele existente pentru a rămâne competitivă. Același lucru este valabil și pentru unele persoane cărora li se aplică principiul Pareto.

- Principiul Pareto este un instrument universal care arată că 20% din cauze conduc la 80% din efecte. Prin identificarea acestor cauze, o organizaţie poate controla cu uşurinţă cele mai importante efecte.

- Există multe aplicaţii ale acestui principiu. Ele privesc nu numai companiile care vizează productivitatea sau relaţiile cu clienţii, ci şi multe domenii ale vieţii de zi cu zi, cum ar fi gestionarea unei gospodării.

- O aplicaţie concretă a principiului Pareto este gestionarea clienţilor unei companii. Într-o afacere tradiţională, 20% dintre clienţi generează, de obicei, 80% din vânzări. Prin identificarea acestor clienţi, compania se poate concentra asupra lor pentru a îmbunătăţi profitabilitatea.

- Modelul ABC este legat de principiul Pareto. Acesta îl îmbunătăţeşte prin luarea în considerare a categoriilor intermediare, care generează, de asemenea, efecte. Aceste categorii intermediare sunt mai puţin importante, dar merită totuşi luate în considerare.

- Teoria Long Tail este, de asemenea, un concept complementar principiului Pareto, în special în ceea ce priveşte vânzările online. Raportul 80/20 este verificat, iar o companie care îşi poate reduce costurile, în special cu ajutorul internetului, îşi poate permite să nu se concentreze doar pe cei mai importanţi 20%, ci pe toată marfa sa, chiar și pe produsele care se vând mai puțin.

- În cele din urmă, legea lui Pareto poate fi pusă cu ușurință în practică cu ajutorul tabelelor și graficelor. Acestea oferă o viziune cuprinzătoare a problemei și identifică efectele. Compania, organizația sau pur și simplu gospodăria în cauză se poate concentra apoi pe luarea de măsuri pentru a îmbunătăți eficiența și profitabilitatea.

LECTURI SUPLIMENTARE

BIBLIOGRAFIE

Anderson, C. (2006) *The Long Tail: Why the Future of Business Is Selling Less of More.* New York: Hyperion.

BetterExplained. (2007) *Înţelegerea principiului Pareto (Regula 80/20).* [Online]. [Accesat la 22 mai 2014]. Disponibil la: < http://betterexplained.com/articles/understanding-the-pareto-principle-the-8020-rule/>.

Cotter, J. J. J. (1995) *Soluţia 20%.* Hoboken: John Wiley & Sons.

Coyne, S. (2012) The Pareto Principle Meets the Long Tail. *Steven Pressfield Online.* [Online]. [Accesat la 22 mai 2014]. Disponibil la: <http://www.stevenpressfield.com/2012/11/the-pareto-principle-meets-the-long-tail/>

Dufour, L. (fără dată) Efficacité du dirigeant : qu'est-ce que la loi de Pareto? *Le Blog du Dirigeant.* [Online]. [Accesat la 22 mai 2014]. Disponibil la: < http://leblogdudirigeant.com/efficacite-du-dirigeant-quest-ce-que-la-loi-de-pareto/>.

Juran, J. M. (1951) *Manual de control al calităţii.* New-York: McGraw-Hill.

Koch, R. (1998) *The 80/20 Principle.* Londra: Nicholas Brealey Publishing.

Le Site des Profs de Vente et de Commerce. (Fără dată) *Les techniques et stratégies de prospection.* [Online]. [Accesat la 22 mai 2014]. Disponibil la: < http://www.lescoursdevente.fr/bacvente/Prospection/Des%20outils%20de%20

segmentation%20des%20clients-prospects,%20 Pareto,%20ABC,%20RFM.pdf>

Montanaro, L. (2012) The Power of the Pareto Principle (aka the 80/20 Rule). *Lisa Montanaro*. [Online]. [Accesat la 22 mai 2014]. Disponibil la: < http://www.lisamontanaro. com/2012/03/16/the-power-of-the-pareto-principle-aka-the-8020-rule/>.

Reh, J. F. (2016) Pareto Principle – The 80-20 Rule. *the balance*. [Online]. [Accesat la 22 mai 2014]. Disponibil la: < https://www.thebalance.com/pareto-s-principle-the-80-20-rule-2275148>.

Villemin, G. (fără dată) Loi de Pareto", în Nombres – Curiosités, théories et usages. [Online]. [Accesat la 22 mai 2014]. Disponibil la: <http://villemin.gerard.free. fr/aSocial/Pareto.htm>

SURSE SUPLIMENTARE

Hale, A. (fără dată) The Problem with the Pareto Principle. *Formare pentru dezvoltare personală*. [Online]. [Accesat la 22 mai 2014]. Disponibil la: < http://sidsavara.com/personal-productivity/the-problem-with-the-pareto-principle>.

Marshall, P. (2013) *80/20 Sales and Marketing*. Irvine: Entrepreneur Press.

*Vrem să auzim de la tine!
Lasă un comentariu despre biblioteca ta online
şi împărtăşeşte cărţile tale preferate pe reţelele de socializare!*

Editorul asigură fiabilitatea informațiilor publicate,
care nu ar putea însă angaja răspunderea sa.

Master ISBN: 9782808600903
Hârtie ISBN: 9782808602358
Depozit legal: D/2022/12603/236

Design digital: Primento,
partenerul digital al editurilor.